AF126471

# LA MULTIPLICATION
# DES DISCIPLES

## GUIDE DE CONVERSATION

De nouvelles façons de vivre
Dieu et la communauté

PETER ROENNFELDT

© 2021 Adventiste FFS
Édition : BoD – Books on Demand, 12/14 rond-point des Champs-Élysées, 75008 Paris
Impression : BoD – Books on Demand, Norderstedt, Allemagne
ISBN : 9782322274451
Dépôt légal : janvier 2021

# GUIDE

Bienvenue dans ce parcours plein de défis, d'enthousiasme, de satisfaction : susciter des disciples et les voir se multiplier, puis s'intégrer dans des églises ou communautés de foi qui se multiplient également. Vous vous retrouverez à la pointe de la mission. C'est un voyage spirituel qui exige travail d'équipe, foi et prière.

Ce guide de conversation est conçu pour vous permettre, ainsi qu'à votre équipe, de faire de nouveaux disciples qui, à leur tour, en appelleront d'autres. Faire de nouveaux disciples : c'est le principe de base pour implanter des églises une après l'autre, des églises qui se multiplient. C'est ce qu'ont fait les premiers disciples et apôtres. Dans de nouvelles régions et villes, Paul a multiplié les disciples et ensuite implanté de nombreuses églises. Son séjour de deux ans et trois mois à Éphèse a lancé la multiplication des églises à travers la Turquie actuelle et « tous ceux qui habitaient l'Asie, Juifs et Grecs, entendirent la parole du Seigneur » (Actes 19.10, NBS).

Ce guide de conversation est le premier d'une série de trois :

### Guide 1—La Multiplication des Disciples
Vous pouvez lire en même temps le manuel *Suivre Jésus*, ainsi que les évangiles et une harmonie de l'histoire de Jésus, telle que *Jésus-Christ* (Ellen G. White).

### Guide 2—Implantation d'Eglise
À lire en même temps que « Suivre le Saint Esprit » (version française à paraître)

### Guide 3—Cultiver un Mouvement
A lire en même temps que « Suivre les Apôtres » (version française à paraître) et les épitres du Nouveau Testament.

# REMERCIEMENTS

Merci aux nombreux implanteurs d'églises en Europe et en Australie, qui m'ont conseillé de produire un guide de conversation plutôt qu'un manuel prescriptif pour former les disciples et équipes d'implantation d'églises.

Merci au pasteur Glenn Townend (Division du Pacifique Sud, SPD) et à son équipe de l'Union Trans-Pacifique (TPUM), pionniers du lancement de Pacific Reach — un mouvement d'appel de disciples et de multiplication d'églises ; ainsi qu'à Leigh Rice (responsable de Discipleship Team en SPD), Wayne Krause (coordinateur de l'implantation d'églises en SPD), Nick Kross et Christina Hawkins (Discipleship Team en SPD), Maveni Kaufononga et Faafetai Matai (TPUM), Talemo Cakobau et Fifita Vatulesi (Fidji), Nos Terry Mailalong (Vanuatu), Linray Tutuo (Îles Salomon), Saia Vea et Inoke Matoto (Tonga), Kenneth Fuliese (Samoa), et Elkanah Kerosi (Afrique Centre Est) — qui ont fait équipe avec moi, facilité mon travail et formé plusieurs centaines de « faiseurs de disciples » et d'équipes d'implantation d'églises dans le Pacifique et les pays d'Afrique centrale.

Un remerciement tout particulier à Danijela Schubert pour le soin méticuleux qu'elle a apporté à la relecture, et à Christina Hawkins pour en avoir permis l'impression.

Chacun d'eux a énormément contribué par ses enseignements et ses compétences à l'élaboration de ces guides de conversation.

*Peter Roennfeldt*

peter@newchurchlife.com

# SOMMAIRE

**Auteur:**          Peter Roennfeldt

**Avec la contribution de:**          Leigh Rice, Nick Kross, Wayne Krause, Chester Kuma, Christina Hawkins, Edyta Jankiewicz, Danijela Schubert, Litiana Turner

**Publishing Date:**  December 2020 - version française janvier 2021

**Editeur :**         BOD

**Graphisme:**        Jacinda Turnbull-Harman (Dinda Productions) | Kym Jackson

**Traduction en français:** Pascale Monachini

# INTRODUCTION

Jésus a commencé son ministère en faisant des disciples. Avant son ascension, il a ordonné : « *Allez et faites des gens de toutes les nations des disciples* » (Matthieu 28.19)[1] . **Telle est notre mission.** Au soir de sa résurrection, il a dit : « Comme le Père m'a envoyé, moi aussi je vous envoie » (Jean 20.21).

Jésus avait une vision : ses disciples étaient des faiseurs de disciples, qui le deviendraient à leur tour, jusqu'à ce que la bonne nouvelle de sa mort et sa résurrection parvienne en Judée, en Samarie et aux extrémités de la terre. Cette bonne nouvelle devait atteindre tous les *courants relationnels*. (C'est le sens du terme « nation » dans Matthieu 28.20).

**Un disciple est une personne qui, à tous égards, ressemble de plus en plus à Jésus-Christ**, y compris en tant que faiseur de disciples (Éphésiens 4.15).

On peut devenir un disciple en un instant, mais être disciple est le parcours de toute une vie. L'Évangile que nous enseignons détermine les types de disciples que nous appelons.

Lorsque nous faisons de nouveaux disciples, nous plantons de nouvelles églises, car **une nouvelle église est un rassemblement de nouveaux disciples.**

Les évangiles décrivent la méthode et le modèle de Jésus pour faire des disciples ; le livre des Actes des apôtres constitue un guide pour l'implantation de nouvelles églises. Voici le principe de base des voyages missionnaires de Paul pour implanter des églises : chaque église locale nouvellement implantée est chargée de se multiplier. Notons cette observation : « *À tous ceux qui croient, Dieu donne la responsabilité d'implanter de nouvelles églises* » (E. G. White, Medical ministry, p. 315).

L'Église adventiste du septième jour doit être un mouvement d'implantation d'églises. C'est ainsi qu'elle a débuté, et c'est ainsi qu'elle achèvera sa mission. Dieu nous appelle à implanter et à multiplier des communautés de foi dans des territoires vierges. C'est la mission que Dieu confie à tous les disciples, chaque croyant, pasteur et dirigeant :

> « *Nos pasteurs ne doivent pas passer leur temps à travailler pour ceux qui ont déjà accepté la vérité. Le cœur brûlant de l'amour du Christ, ils doivent aller chercher les pécheurs pour les amener au Sauveur. Ils doivent semer partout les graines de la vérité.* **Dans tous les lieux qu'ils visitent, des églises doivent se développer. Ceux qui acceptent la vérité doivent être organisés en églises**, *et le pasteur peut ensuite déléguer à d'autres des tâches tout aussi importantes* » (E. G. White, 7 Testimonies, 19-20).

Les nouveaux croyants doivent donc « être organisés en églises ». On lit plus loin :

> « *Nous devons faire davantage pour atteindre les habitants de nos villes. Il est inutile d'ériger de grands bâtiments dans les villes, mais il m'a été montré de nombreuses fois que* **nous devons établir dans toutes nos villes de petits lieux qui deviendront des centres d'influence.** » (E. G. White, Testimonies vol. 7, p. 115).

C'est le rôle de chacun :

> « *Les membres laïcs de nos églises peuvent accomplir un travail qui, jusqu'à présent, a à peine commencé. Il ne faudrait pas déménager dans un nouveau lieu uniquement pour profiter des avantages du monde, mais là où il est possible de trouver du travail, des familles bien ancrées dans la vérité devraient s'installer, une ou deux familles par ville, pour travailler comme missionnaires.* » (Ellen G. White, Testimonies vol. 8, p. 245).

Souvenons-nous que **Dieu a donné à chacun la responsabilité d'implanter de nouvelles églises.**

---

1  Sauf mention contraire, les citations bibliques sont empruntées à la version NBS.

# Les équipes de faiseurs de disciples

Jésus a toujours travaillé en équipe, et formé ses disciples pour qu'ils fassent de même ; nous suivrons donc également ce modèle. Nous formerons des équipes de trois ou quatre pour étudier ce guide, soit sur une période de cinq ou six jours, soit un jour par semaine sur cinq à six semaines.

## POUR UNE ÉQUIPE DE 3-4:

Nom des membres de l'équipe

Pendant ce temps de formation, nous allons :

a.   Apprendre à **prier ensemble de façon conversationnelle**

b.   Lire et relire **les évangiles, le livre des Actes et les livres d'étude**

c.   Travailler à l'aide de ce *guide de conversation* et **mettre en pratique ce que nous apprenons**.

d.   **Rechercher une « personne de paix »**, selon ce que Jésus recommande en Luc 10.8, 9

e.   Partager ce parcours avec d'autres croyants, pour les **encourager à faire eux-mêmes des disciples et à former d'autres équipes d'implantation d'églises**. Observer l'action du Saint Esprit dans la vie des autres, attiser l'étincelle d'intérêt, et amplifier notre action.

## ENREGISTREMENT DES PLANS D'ACTION:

Qui dans votre équipe se charge de mettre par écrit les plans d'action ? ................................................................

Dressez une liste de ceux que vous pourriez encourager, même pendant votre formation, à former un autre groupe qui se multipliera à son tour, et ainsi de suite.

..........................................................................................................................................................................

..........................................................................................................................................................................

..........................................................................................................................................................................

..........................................................................................................................................................................

..........................................................................................................................................................................

..........................................................................................................................................................................

..........................................................................................................................................................................

..........................................................................................................................................................................

# LE MANDAT ÉVANGÉLIQUE MATTHIEU 28:16-20

Étude du mandat évangélique de Jésus

- Une personne lit Matthieu 28.16-20, puis une autre le relit.
- Une troisième personne racontera le récit avec ses propres mots, avec l'aide des autres membres de l'équipe.
- Discutez ensuite sur ces questions :

  Qu'est-ce qui est nouveau ?

  Qu'est-ce qui m'étonne ?

  Qu'est-ce que je ne comprends pas ?

1. Quelle est LA chose que Jésus demande à ses disciples de faire ?

.................................................................................................................................................

.................................................................................................................................................

.................................................................................................................................................

.................................................................................................................................................

.................................................................................................................................................

.................................................................................................................................................

.................................................................................................................................................

2. Le terme traduit par « nations » est « ethnè[1] » . Qu'est-ce que cela signifie pour faire des disciples ?

.................................................................................................................................................

.................................................................................................................................................

.................................................................................................................................................

.................................................................................................................................................

.................................................................................................................................................

.................................................................................................................................................

.................................................................................................................................................

---

[1] Le mot grec *ethnē* a donné le mot ethnicité. Il fait référence à différents groupes de personnes ayant des langues ou des coutumes propres. Nous les appelons des *courants relationnels*. Dans chaque *courant relationnel* se trouvent des personnes d'influence. Jésus les appelle des « *personnes de paix* ». Ceux qui sont également en contact avec d'autres groupes peuvent former des ponts pour Dieu, afin d'amener l'Évangile dans de nouveaux *courants relationnels*.

L'Approche du Courant Relationnel : schéma

PP  Personne de Paix

Pont pour Dieu
ce sont ceux qui entrent en relation avec
d'autres courants relationnels

3. **La VISION : Quelle est la vision de Dieu pour faire des disciples ?**

.................................................................................................................................................

.................................................................................................................................................

.................................................................................................................................................

.................................................................................................................................................

.................................................................................................................................................

.................................................................................................................................................

# APPLICATION:

Pourquoi implantez-vous une nouvelle église pour les nouveaux disciples ? Quelle en est la raison ?

.................................................................................................................................................

.................................................................................................................................................

.................................................................................................................................................

.................................................................................................................................................

# L'Évangile

Marc 1.14-17 ; 16.9-16 ; 1 Corinthiens 15.1-11 ; Marc 8.31-38

## L'Évangile que l'on enseigne détermine le type de disciples que l'on appelle[1]

| | L'Évangile | La réponse à l'Évangile | Les bénéfices de l'Évangile |
|---|---|---|---|
| Marc 1.14-17 | 1. Le royaume | | Pardon |
| Marc 16.9-16 | 2. Christ | CROIRE | Justification |
| 1 Corinthiens 15.1-11 | 3. La mort | SE REPENTIR | Sanctification |
| | | | Le Saint Esprit |
| Marc 8.31-38 | 4. La résurrection | SUIVRE | - scelle |
| | | | - responsabilise |
| | | | Adoption |
| | | | Vie éternelle |
| | | | Amour |
| | | | • |
| | | | • |
| | | | • |
| | L'initiative de la grâce 1 Jean 4.19 | La responsabilisation de la grâce 2 Timothée 2.1 | Les bénédictions de la grâce Éphésiens 1.3-14 |

# APPLICATION:

Comment intègrerez-vous l'appel à devenir disciple dans l'invitation de l'Évangile ?

................................................................................................................

................................................................................................................

................................................................................................................

---

1    On a parfois dissocié le fait d'être sauvé et celui de devenir disciple. Souvenons-nous pourtant que même si nous sommes sauvés par grâce uniquement, la grâce ne se contente pas de sauver. L'Évangile nous appelle à devenir disciple de Jésus.

# Les cinq phases du ministère de Jésus

## PHASES DE MOUVEMENT

Le ministère de Jésus commence avec son baptême et son onction par le Saint-Esprit. Pendant les dix-huit premiers mois de son ministère en Judée, il pose **les bases** de son mouvement. Après l'emprisonnement de Jean-Baptiste, Jésus s'installe à Capernaüm où ses disciples **participent** avec lui au ministère. Il poursuit avec la **multiplication des leaders** en appelant douze apôtres et en envoyant les soixante-douze, en équipes, aux endroits qu'il prévoit de visiter. Il promet le Saint-Esprit, qui descend sur eux le jour de la Pentecôte, pour construire ce nouveau **mouvement**.

| BAPTÊME DE JÉSUS | DÉPLACEMENT À CAPERNAÜM | CHOIX DES DOUZE APÔTRES | | MORT ET RÉSURRECTION |
|---|---|---|---|---|
| (Préparation) | (Bases) | (Participation) | (Multiplication des | (Mouvements) |
| 30 ans | Ministère en Judée | Ministère en Galilée | leaders ) le Sermon | Jean 20.21–22 |
| | pendant 1 an ½ | | sur la montagne | Actes 1.4–8 |

## APPLICATION:

Comment appliquerez-vous les phases de la vie et du ministère de Jésus pour faire des disciples ?

.................................................................................................................................

.................................................................................................................................

.................................................................................................................................

.................................................................................................................................

# Les cinq invitations de Jésus

Jean 1.19-51

### Étude de la façon dont Jésus appelle ses premiers disciples

* Une personne lit Jean 1.19-51, puis une autre le relit.
* Une troisième personne racontera le récit avec ses propres mots, avec l'aide des autres membres de l'équipe.
* Discutez ensuite sur ces questions :

   Qu'est-ce qui est nouveau ?

   Qu'est-ce qui m'étonne ?

   Qu'est-ce que je ne comprends pas ?

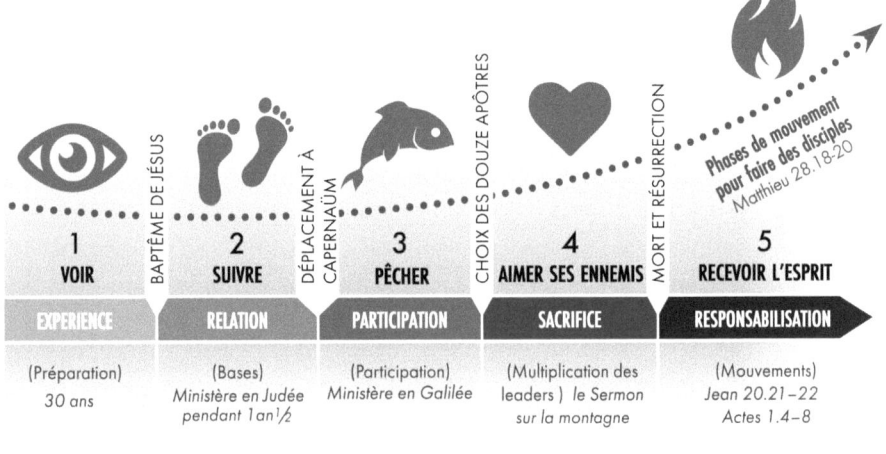

| 1 VOIR | BAPTÊME DE JÉSUS | 2 SUIVRE | DÉPLACEMENT À CAPERNAÜM | 3 PÊCHER | CHOIX DES DOUZE APÔTRES | 4 AIMER SES ENNEMIS | MORT ET RÉSURRECTION | 5 RECEVOIR L'ESPRIT |
|---|---|---|---|---|---|---|---|---|
| EXPÉRIENCE | | RELATION | | PARTICIPATION | | SACRIFICE | | RESPONSABILISATION |
| (Préparation) 30 ans | | (Bases) Ministère en Judée pendant 1 an ½ | | (Participation) Ministère en Galilée | | (Multiplication des leaders ) le Sermon sur la montagne | | (Mouvements) Jean 20.21–22 Actes 1.4–8 |

*Phases de mouvement pour faire des disciples* Matthieu 28.18-20

Invitation 1 — **Venez et voyez** (Jean 1.35-39) [1]

.................................................................................................................................

.................................................................................................................................

.................................................................................................................................

.................................................................................................................................

.................................................................................................................................

.................................................................................................................................

---

[1]   Jésus lance sa première invitation : *Venez et voyez* après son baptême et ses tentations. La réponse des deux disciples de Jean qui ont passé la journée avec lui indique que Jésus leur a déjà démontré qu'il est la Messie, lors de ses années de préparation.

Invitation 2 — **Suivez-moi** (Jean 1.43)

........................................................................................................................

........................................................................................................................

........................................................................................................................

........................................................................................................................

Invitation 3 — **Venez pêcher avec moi** (Mattieu 4.18-20)

........................................................................................................................

........................................................................................................................

........................................................................................................................

........................................................................................................................

Invitation 4 — **Sacrifiez-vous avec moi / Mourir à soi-même** (Matthieu 5.43-45 ; 16.24)

........................................................................................................................

........................................................................................................................

........................................................................................................................

........................................................................................................................

Invitation 5 — **Recevez l'Esprit** (Jean 20.21-22)

........................................................................................................................

........................................................................................................................

........................................................................................................................

........................................................................................................................

# APPLICATION:

Que pouvez-vous appliquer pour faire des disciples et implanter des églises ?

........................................................................................................................

........................................................................................................................

........................................................................................................................

........................................................................................................................

# Jésus : le faiseur de disciples

Jeann 4.1-42

Étude de la façon dont Jésus appelle la femme samaritaine pour en faire une disciple

- Une personne lit Jean 4.1-42, puis une autre le relit.
- Une troisième personne racontera le récit avec ses propres mots, avec l'aide des autres membres de l'équipe.
- Discutez ensuite sur ces questions :

   Qu'est-ce qui est nouveau ?

   Qu'est-ce qui m'étonne ?

   Qu'est-ce que je ne comprends pas ?

Identifiez les cinq invitations dans la conversation de Jésus avec la femme samaritaine :

Invitation 1 — **Viens et vois**

Invitation 2 — **Suis-moi**

Invitation 3 — **Viens pêcher avec moi**

Invitation 4 — **Sacrifie-toi avec moi / Meurs à toi-même**

Invitation 5 — **Reçois l'Esprit**

Dès son premier contact avec la femme samaritaine, Jésus l'équipe pour utiliser ces cinq invitations, afin d'appeler et de multiplier les disciples. Comment suit-elle immédiatement son exemple ?

.................................................................................................................................

.................................................................................................................................

.................................................................................................................................

.................................................................................................................................

.................................................................................................................................

.................................................................................................................................

.................................................................................................................................

En l'espace de quelques minutes, la femme samaritaine partage son témoignage et invite les autres à venir vers Jésus. Comment Jésus l'a-t-il amenée à :

Le connaître (Viens et vois)

.................................................................................................................................

.................................................................................................................................

.................................................................................................................................

.................................................................................................................................

Lui ressembler (Suis-moi)

............................................................................................................

............................................................................................................

............................................................................................................

............................................................................................................

Se qualifier pour (Viens pêcher avec moi)
    partager son expérience avec Christ

............................................................................................................

............................................................................................................

............................................................................................................

    Inviter les autres à « venir et voir »

............................................................................................................

............................................................................................................

............................................................................................................

............................................................................................................

# APPLICATION :

Utilisez le diagramme suivant pour identifier :

1. où vous vous situez dans le parcours du discipulat
2. où en sont les membres de votre équipe dans ce parcours

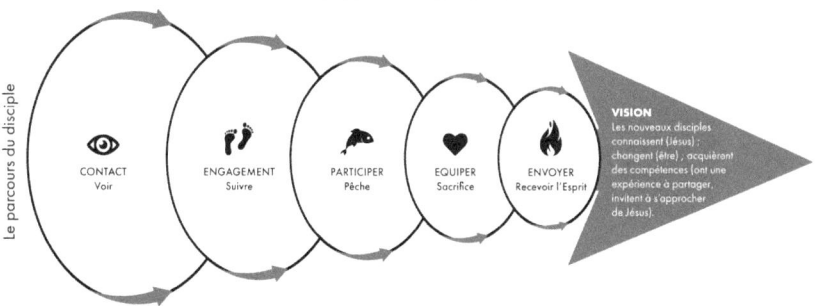

# UN MODÈLE DE MOISSON

## Étude des paraboles de Jésus sur l'agriculture

Marc 4.26-29, voir 4.3-20

Étude des paraboles de Jésus sur l'agriculture :

- Une personne lit Marc 4.26-29, puis une autre le relit.
- Une troisième personne racontera le récit avec ses propres mots, avec l'aide des autres membres de l'équipe.
- Discutez ensuite sur ces questions :

  Qu'est-ce qui est nouveau ?

  Qu'est-ce qui m'étonne ?

  Qu'est-ce que je ne comprends pas ?

Jésus a raconté des paraboles sur les récoltes pour révéler « le mystère du royaume de Dieu » (Marc 4.11, 26). Nous utiliserons la parabole du semeur, avec les *quatre types de sols* - la « bonne terre » (préparée, cultivée et enrichie en fumier) produisant une récolte abondante et qui se multiplie (voir Marc 4.3-20), ainsi que le *modèle de récolte* (Marc 4.26-29), parfois appelé *les quatre terrains*[1] . Il s'agit d'un seul champ, mais le terrain change.

Discutes de ce modèle agricole applicable pour faire des disciples.[2]

Préparer · Semer · Multiplier · Moissonner · Cultiver

1     Nathan et Kari Shank, *Reproducing Churches Using Simple Tools*, 2007.
2     Peter Roennfeldt, *Suivre Jésus. Susciter des disciples – Lancer un mouvement*, Vie et Santé, 2020, p. 193

Les agriculteurs du Moyen-Orient récoltent pour ensemencer de nouveaux champs la saison suivante. Ils conservent les meilleures graines pour les semer, afin qu'elles se multiplient. Ils « sèment dans les larmes », pleurant car leur famille a faim, mais ils ne peuvent pas consommer ces grains. Ils doivent les ressemer, sinon ils mourraient de faim l'année suivante (voir Psaume 126.5, 6). C'est une notion fondamentale. Comment comprenez-vous cela en l'appliquant aux amis que vous appelez à devenir disciples ?

## APPLICATION:

Comment appliqueriez-vous ce modèle personnellement et en tant qu'équipe, dans votre action pour faire des disciples ?

..................................................................................................................................................................

..................................................................................................................................................................

..................................................................................................................................................................

..................................................................................................................................................................

# Jésus équipe les soixante-douze
# Luc 10.1-24

Peu de temps après, Jésus a de nombreux disciples (Jean 3.22 ; 4.1-2). Lorsqu'il appelle les douze à devenir apôtres, il a une « foule de disciples » (Luc 6.12-19). Luc 10 le décrit, alors qu'il en appelle et en forme beaucoup d'autres. Cela se passe environ cinq ou six mois avant sa crucifixion. Nous étudierons attentivement comment il a formé ces disciples pour qu'ils en appellent de nouveaux à leur tour.

## Étude de la façon dont Jésus équipe les soixante-douze :

- Une personne lit Luc 10.1-9, puis une autre le relit.
- Une troisième personne racontera le récit avec ses propres mots, avec l'aide des autres membres de l'équipe.
- Discutez ensuite sur ces questions :

  Qu'est-ce qui est nouveau ?

  Qu'est-ce qui m'étonne ?

  Qu'est-ce que je ne comprends pas ?

*«LA MÉTHODE DE CHRIST pour sauver les âmes est la seule qui réussisse. Il se mêlait aux hommes pour leur faire du bien, leur témoignant sa sympathie, les soulageant et gagnant leur confiance. Puis il leur disait : 'Suivez-moi'. » (Ellen G. White, Le ministère de la guérison, p. 118).*

# FAIRE DES DISCIPLES

## [1] Préparer

Préparer le terrain et les personnes qui deviendront disciples

### Des équipes, deux par deux.

Jésus travaillait en équipe, il « les [envoyait] devant lui, deux à deux, dans toute ville et en tout lieu où lui-même devait se rendre » (Luc 10.1).

a.  Où Jésus a-t-il trouvé les premiers membres de son équipe de disciples ? Comparer Jean 1.35-51 avec Matthieu 4.12-22

.................................................................

.................................................................

.................................................................

b.  Où trouverez-vous les membres de votre équipe ? Comparer Matthieu 9.35-38 et Luc 10.2. Votre famille, votre classe d'École du sabbat, le ministère des femmes, les groupes de jeunesse, etc.

.................................................................

.................................................................

.................................................................

.................................................................

### RESTRUCTUREZ LES CLASSES D'ÉCOLE DU SABBAT en groupes de six à douze personnes habitant près les unes des autres. Elles formeront une équipe qui travaillera dans son quartier en proposant des activités, *en formant des antennes de l'École du sabbat, des groupes de lecture découverte de la Bible.*

.................................................................

.................................................................

.................................................................

.................................................................

### RÉSEAU DE PETITS GROUPES

.................................................................

.................................................................

.................................................................

**POUR PLUS D'ÉQUIPES** Qui inviteriez-vous à se joindre à vous? Où les trouveriez-vous?

.................................................................

.................................................................

.................................................................

c.  Donnez une « couleur » à votre équipe en fonction de :

ses dons spirituels

.................................................................

.................................................................

.................................................................

Son caractère, sa passion

.................................................................

.................................................................

.................................................................

ses compétences

.................................................................

.................................................................

.................................................................

sa personnalité

.................................................................

.................................................................

.................................................................

ses expériences

.................................................................

.................................................................

.................................................................

## Les lieux : là où vous trouverez des disciples

Jésus les envoyait « dans toute ville et en tout lieu où lui-même devait se rendre » (Luc 10.1).

Identifiez les terrains vierges (personnes et lieux) où vous travaillerez.

Lieu proches:                                    Personnes proches:

.................................................              .................................................

.................................................              .................................................

.................................................              .................................................

Lieux éloignés:                                  Personnes plus éloignées:

.................................................              .................................................

.................................................              .................................................

.................................................              .................................................

Comment décririez-vous ceux avec lesquels vous allez travailler ?

...........................................................................................................

...........................................................................................................

...........................................................................................................

    a.   Comment décririez-vous leur famille, entourage ou leurs courants relationnels ?

...........................................................................................................

...........................................................................................................

...........................................................................................................

    b.   Qui sont les personnes clés de leurs *courants relationnels* ?

...........................................................................................................

...........................................................................................................

...........................................................................................................

    c.   Comment voyez-vous Dieu agir dans leur vie

...........................................................................................................

...........................................................................................................

...........................................................................................................

Quelles actions mènerez-vous pour préparer les lieux où vous appellerez des disciples ?

...........................................................................................................

...........................................................................................................

...........................................................................................................

Quels projets de services sociaux seraient utiles dans ces lieux ?

...........................................................................................................

...........................................................................................................

...........................................................................................................

## La prière : Luc 10.1-4, 16-24 (étudiez également Jean 14.12-23)

Il existe différentes sortes de prière :

### a. Les prières 10.02 et 4.03

Jésus a recommandé aux soixante-dix de prier pour qu'il y ait plus d'ouvriers (Luc 10.2) et Paul a conseillé aux églises de Colosse de demander en prière des occasions de présenter clairement l'Évangile (Colossiens 4.3, 4). Certains programment leur alarme pour prier à ces heures-là, pour ces sujets précis.

### b. La prière conversationnelle

C'est une conversation naturelle et détendue avec d'autres personnes, où Dieu est inclus dans la conversation. Elle peut avoir lieu dans un café, à la maison ou au travail, à l'intérieur et à l'extérieur. Tout comme dans une conversation, on ne parle pas chacun à son tour, certains parlent et d'autres écoutent plus, et il en est de même avec la prière conversationnelle. On prie pour un sujet avant de passer à un autre. Il peut y avoir des moments de silence.

### c. La prière avec les Écritures

Vous pouvez lire un psaume, en guise de prière à Dieu, ou choisir dans la Bible une prière comme celle de Daniel (Daniel 9.4-19), ou celle de Philippiens 1.3-11.

### d. La prière basée sur les Écritures

Choisissez un texte des Écritures et basez votre prière sur les notions contenues dans ce passage.

### e. La prière d'écoute

Demandez à Dieu qui vous devez visiter, ce que vous devez dire, puis restez en silence pour écouter l'Esprit vous parler

### f. La marche de prière

Marchez dans une zone, en priant le Saint Esprit d'agir dans la vie des gens qui y habitent, afin que Dieu vous permette d'établir un lien avec eux. Vous pouvez aussi prier dans un endroit où un évènement particulier aura lieu.

### g. La prière en groupe

Réunissez-vous dans un lieu, par téléphone ou électroniquement pour prier.

### h. La prière 777

Priez chaque jour à 7h du matin et du soir.

**Le lien avec les personnes clés : Luc 10.5-9, 16**

Il existe plusieurs façons d'entrer en contact avec les gens :

1. Comment Jésus a-t-il conseillé aux soixante-douze d'entrer en contact avec les gens ?

..................................................

..................................................

..................................................

2. Quels autres moyens Jésus a-t-il utilisés pour entrer en contact avec les gens ?

..................................................

..................................................

..................................................

3. Comment entrerez-vous en contact avec votre entourage ?

..................................................

..................................................

..................................................

Créer un lien avec *une personne de paix.*

Quelles sont les qualités d'une *personne de paix* ? (Luc 10.5-7)

• L'hospitalité

..................................................

..................................................

..................................................

• La réceptivité

..................................................

..................................................

..................................................

• La réputation

..................................................

..................................................

..................................................

• L'influence

..................................................

..................................................

..................................................

Recherchez ces qualités chez :

• La femme samaritaine (Jean 4.1-42)

..................................................

..................................................

..................................................

• Zachée (Luc 19.1-10)

..................................................

..................................................

..................................................

• L'homme possédé par un démon (Marc 5.1-20)

..................................................

..................................................

Pourquoi se concentrer sur cette personne ?

Elle est un élément clé dans les lieux éloignés

..................................................

..................................................

C'est une personne clé dans ses *courants relationnels*

..................................................

..................................................

Pouvez-vous identifier *une personne de paix* ?

..................................................

..................................................

..................................................

## APPLICATION:

Pouvez-vous identifier une personne de paix dans les lieux proches de chez vous ?

Pouvez-vous identifier une personne de paix plus loin de chez vous ?

..................................................

..................................................

..................................................

..................................................

..................................................

# [2] Semer

C'est dans le cadre des relations authentiques que l'on peut le mieux semer. On peut suivre **le modèle d'incarnation** de Jésus : « La Parole est devenue chair ; elle a fait sa demeure parmi nous » (Jean 1.14).

Quelles sont les trois étapes d'évangélisation que Jésus a appliquées et enseignées ? (Luc 10.8, 9).

1. ............................................................................................................................

2. ............................................................................................................................

3. ............................................................................................................................

## 1. Partager leur repas[1] – écouter leur histoire

Qu'avons-nous besoin de faire pendant le repas ?

Voici quelques questions simples :

- Parle-moi de ta famille ?
- Comment cela se passe-t-il pour toi au travail, à l'université, au lycée ?
- Que s'est-il passé récemment dans ta vie ?

Pratiquez l'écoute active[2]

## 2. Les guérir – partager sa propre histoire

La vie comprend quatre dimensions : mentale, physique, spirituelle et sociale (Luc 2.52)

............................................................................................................................

Comment pouvez-vous guérir ces personnes ou répondre à leurs besoins ?

............................................................................................................................

**Encouragement:** suggérez un parcours NEW START[3]

............................................................................................................................

**Priez pour la guérison de Dieu.**

............................................................................................................................

**Le fait de partager votre expérience** peut être **un pont** vers l'histoire de Dieu. Dieu vous a guéri. Jésus dit au démoniaque guéri : « *Retourne chez toi et raconte tout ce que Dieu a fait pour toi* » (Luc 8.39).

---

1     Cela peut se faire chez la personne ou dans un café.
2     L'écoute active consiste à écouter et comprendre ce que l'interlocuteur exprime, puis à lui faire savoir qu'il a été écouté et compris.
3     NEW START signifie nouveau départ, c'est l'acronyme de Nutrition, Exercice physique, Eau (Water), Soleil, Tempérance, Air, Repos, Confiance en Dieu (Trust)..

### Apprendre à partager son histoire

Notez quelques points sous chaque titre :

1. Votre vie avant de rencontrer Dieu, en un mot, par exemple : anxiété, recherche, colère, impression d'être perdu...

....................................................................................................................................

2. Comment vous avez rencontré Jésus : en une seule phrase:

....................................................................................................................................

....................................................................................................................................

3. Comment votre vie a changé, en un mot, par exemple : paix, sécurité, certitude...

....................................................................................................................................

# ACTIVITÉ:

**Partagez votre histoire**

1. Entre vous, exercez-vous à partager votre expérience en trois minutes.

2. La meilleure façon de commencer à raconter votre histoire est de le faire avec des gens que vous connaissez, votre cercle de relations : famille, amis, collègues, voisins. Faites la liste des gens de votre entourage qui ne suivent pas encore Jésus.

....................................................................................................................................

....................................................................................................................................

3. Identifiez cinq personnes pour lesquelles vous pouvez prier chaque jour, et commencez à partager votre expérience avec chacune d'elles. Gardez cette liste de noms sur vous (dans votre portefeuille, votre sac, votre téléphone...)

....................................................................................................................................

....................................................................................................................................

....................................................................................................................................

....................................................................................................................................

....................................................................................................................................

4. Avec qui partagerez-vous votre histoire cette semaine ?

....................................................................................................................................

Choisissez une entrée en matière pour le partage :

- Si vous êtes un nouveau disciple : « J'ai pris la décision de suivre Jésus et j'aimerais t'en parler ».
- Si vous êtes un disciple de longue date : « Je ne t'ai jamais raconté comment j'ai décidé de suivre Jésus, et la différence que cela a fait dans ma vie ».
- Avec une personne que vous rencontrez : « Cela t'intéresserait-il de connaître Dieu personnellement ? », ou « J'aimerais te montrer dans la Bible comment tu peux connaître Dieu personnellement ».

## 3. Raconter l'histoire de Dieu – présenter l'Évangile

Écouter l'histoire des gens et partager la sienne fournit l'occasion de parler de l'histoire de Dieu. Quels textes bibliques pouvez-vous utiliser pour présenter l'Évangile ?

**Marc 16.9-20** — Jésus définit l'Évangile

...................................................................................................................................................

...................................................................................................................................................

...................................................................................................................................................

...................................................................................................................................................

**1 Corinthiens 15.1-11** — Paul présente succinctement l'Évangile

...................................................................................................................................................

...................................................................................................................................................

...................................................................................................................................................

...................................................................................................................................................

**Romains 3.21-26** — Paul explique comment être réconcilié avec Dieu

...................................................................................................................................................

...................................................................................................................................................

...................................................................................................................................................

...................................................................................................................................................

Quels autres textes bibliques pourriez-vous utiliser ? Choisissez un passage ou un récit de l'Écriture plutôt qu'une série de versets.

...................................................................................................................................................

...................................................................................................................................................

...................................................................................................................................................

...................................................................................................................................................

...................................................................................................................................................

...................................................................................................................................................

...................................................................................................................................................

## Trois cercles – Présentation de l'Évangile

PÉCHÉ

PLAN DE DIEU

RUPTURE

GUERISON

JESUS CHRIST
sa vie, sa mort,
sa résurrection

REVENIR
& CROIRE

## Le pont – Présentation de l'Évangile

NOUS — DIEU

NOUS — DIEU

NOUS — DIEU
MORT

NOUS — DIEU
MORT

NOUS — DIEU
MORT

NOUS — DIEU
MORT

Dans quel cercle te situes-tu ?

...................................................................................

...................................................................................

...................................................................................

...................................................................................

Dans lequel aimerais-tu être ?

...................................................................................

...................................................................................

...................................................................................

...................................................................................

Qu'est-ce qui t'empêche de vivre selon le plan de Dieu ?

...................................................................................

...................................................................................

...................................................................................

...................................................................................

Où te situes-tu ?

...................................................................................

...................................................................................

...................................................................................

...................................................................................

Où aimerais-tu être ?

...................................................................................

...................................................................................

...................................................................................

...................................................................................

Y a-t-il quelque chose qui t'empêche de franchir le pont ?

...................................................................................

...................................................................................

...................................................................................

...................................................................................

### *Lecture découverte de la Bible.*

Nous encourageons nos connaissances ou amis à former un groupe de lecture d'un évangile. On peut se retrouver entre collègues au travail pendant la pause déjeuner, partager avec sa famille, ou un groupe de voisins. Nous appelons cela un groupe de *Lecture découverte de la Bible*. Beaucoup de gens connaissent très peu Jésus ou en ont une vision très déformée. Il y a aussi beaucoup de chrétiens (peut-être même vous !) qui n'ont pas lu un évangile du début à la fin.

- Avec un chrétien — on découvre beaucoup sur Jésus en lisant un évangile en entier.
- Avec ceux qui n'ont aucune connaissance de Jésus — ils seront surpris de découvrir qui était réellement Jésus.

## APERÇU DU PROGRAMME.

- Les amis se réunissent pour lire l'histoire de Jésus. L'évangile de Marc est un bon livre pour commencer.
- Une personne prie ainsi : « Notre Dieu, s'il te plaît guide-nous dans notre lecture. Merci. »
- Commencez au début, en lisant un récit à la fois.
- Lisez chaque histoire deux fois, puis racontez-la avec vos propres mots.

## DISCUTEZ DE L'HISTOIRE À PARTIR DE CINQ QUESTIONS :

1. Qu'est-ce qui est nouveau ?
2. Qu'est-ce qui m'étonne ?
3. Qu'est-ce que je ne comprends pas ?
4. Qu'est-ce que j'aimerais appliquer ?
5. Qu'est-ce que je vais partager avec une personne cette semaine ?

Programmez la prochaine rencontre de lecture.

Priez les uns pour les autres, par exemple : Seigneur, merci pour ta Parole. Aide-nous à te suivre. Amen ».

## IDÉES—SUGGESTIONS

- Si vous ne comprenez pas quelque chose, n'entrez pas dans des débats. Avancez dans votre lecture pour mieux comprendre
- Invitez d'autres personnes à se joindre à vous.
- Donnez à chaque participant un marque-page avec les questions[1].
- Encouragez d'autres personnes à former des groupes.

## QUAND VOUS VOUS RETROUVEZ POUR AVANCER DANS LA LECTURE :

Vous pouvez demander :

1. Qui avez-vous rencontré ?
2. Citez deux choses que vous avez apprises ?

Revoyez ensemble :

---

1   Télécharger le marque-page: https://adventisteffs.org/wp-content/uploads/2020/08/Following-Jesus-Bookmark-French-2020.pdf

1. Avons-nous pu appliquer les principes ?
2. Avons-nous pu partager ?

Passez ensuite au récit suivant.

## Les principes des petits groupes

Appliquez les meilleurs principes des petits groupes dans votre *groupe de lecture découverte de la Bible* :

* Respectez l'expérience de chacun.
* Ne lisez pas et ne priez pas en dehors du cercle.
* Incluez toujours des personnes qui ne font pas partie de l'église.
* Respectez la durée convenue (généralement environ une heure).
* Suivez un parcours clair de lecture et de découverte de la Bible.
* Lorsque le groupe atteint douze personnes, dédoublez-le avec de nouveaux *courants relationnels*.
* Accompagnez et soutenez les personnes qui animent des petits groupes (leaders et apprentis).

**Suivez un plan simple et reproductible (voici quelques suggestions de temps) :**

* *Contact (5 minutes)*
    * Qui avons-nous rencontré pour la première fois cette semaine ?
    * Qu'avons-nous appris sur cette personne ?
* *Partage (10 minutes)*
    * Avons-nous pu appliquer ce que nous avons appris la dernière fois ?
    * Avec qui avons-nous partagé depuis notre dernière rencontre ?
* *Lecture découverte de la Bible (30 minutes)*
    * Prière
    * Lecture du passage suivant dans le livre de la Bible en cours
    * Les cinq questions du marque-page
* *Application — discussion (15 minutes)*
    * Responsabilité : chacun répond aux questions 4 et 5 du marque-page

- Programmation d'un projet collectif de service, pour répondre aux besoins du quartier.
- Prière

## Les groupes sains se multiplient au moins tous les douze mois

- Faire des disciples est notre principale mission. Comment votre petit groupe atteint-il les cinq objectifs proposés dans Matthieu 22.37-38 et 28.18-20 ?

..................................................................................................................................................
..................................................................................................................................................
..................................................................................................................................................
..................................................................................................................................................

- Qui sont les nouveaux disciples de votre petit groupe qui peuvent à leur tour appeler d'autres disciples?

..................................................................................................................................................
..................................................................................................................................................
..................................................................................................................................................
..................................................................................................................................................

- Qui est relié à un autre *courant relationnel* où un nouveau groupe pourrait démarrer ?

..................................................................................................................................................
..................................................................................................................................................
..................................................................................................................................................
..................................................................................................................................................

- Quel soutien avez-vous mis en place pour ceux qui dirigent des petits groupes ?

L'accompagnement

..................................................................................................................................................
..................................................................................................................................................
..................................................................................................................................................

L'affirmation à l'église

..................................................................................................................................................
..................................................................................................................................................
..................................................................................................................................................

La formation (ateliers, retraites)

..................................................................................................................................................
..................................................................................................................................................
..................................................................................................................................................
..................................................................................................................................................

# [3] Cultiver

... pour que les épis croissent « d'eux-mêmes »

*La Lecture découverte de la Bible est une excellente méthode pour semer les graines de l'Évangile, que ce soit dans les petits groupes, entre amis ou connaissances. Voici quelques idées pour susciter et cultiver l'intérêt envers Dieu :*

Utiliser la *Lecture découverte de la Bible* avec des personnes n'ayant aucune culture ni notion biblique.

Utiliser la *Lecture découverte de la Bible* dans les classes d'École du sabbat.

Utiliser la *Lecture découverte de la Bible* à l'église, pour la prédication.

## 1. Répondre aux questions

**QUESTIONS:**

1. **Si une personne ou le groupe ne comprend pas quelque chose,** poursuivez la lecture !

2. **Si une personne soulève une question ou un sujet complexe** – par exemple, la mort, le retour de Christ, la résurrection ou le sabbat – suggérez de lire la fois suivante un récit de l'histoire de Jésus, en lien avec ce thème.

APPRENDRE à partir de l'ordre d'Apocalypse 14.6-13:

### Étape 1:

Contexte (Apocalypse 12-14) — quel est le contexte du groupe ?

.............................................................................................................................
.............................................................................................................................
.............................................................................................................................

### Étape 2:

L'Évangile éternel (Apocalypse 14.6) — quels thèmes mènent à Jésus ?

.............................................................................................................................
.............................................................................................................................
.............................................................................................................................

## Étape 3:

La vie chrétienne en pratique (la crainte de l'Éternel). Apocalypse14.7

..................................................................................................................

..................................................................................................................

..................................................................................................................

Job 28.28 ; Proverbes 8.13 : Craindre Dieu, c'est vivre dans la sagesse

..................................................................................................................

..................................................................................................................

..................................................................................................................

## Étape 4:

Doctrines distinctives (Apocalypse 14.7) – lesquelles incluriez-vous ?

..................................................................................................................

..................................................................................................................

..................................................................................................................

## Étape 5:

La prophétie complexe (Apocalypse 14.8-12) – la bête, le dragon, *le faux prophète*

..................................................................................................................

..................................................................................................................

..................................................................................................................

## Étape 6:

La mission (Apocalypse 14.13) – la préparation nécessaire à chaque étape

..................................................................................................................

..................................................................................................................

..................................................................................................................

**CETTE SÉQUENCE** fournit une aide pour partager sa foi tout en répondant aux questions :

- Une personne, nouvelle dans votre groupe, pose la question : « Que se passe-t-il quand un proche décède ? ». C'est une question de l'étape 4, mais la personne en est à l'étape 1. Comment répondre en restant au niveau de l'étape 1 ?

......................................................................................................................................................................

......................................................................................................................................................................

......................................................................................................................................................................

- Une personne qui est à l'étape 2 (qui a accepté Jésus) s'interroge sur l'antéchrist. C'est une question de l'étape 5. Comment fournir une réponse du niveau de l'étape 2 ou 3 ?

......................................................................................................................................................................

......................................................................................................................................................................

......................................................................................................................................................................

Quand des questions de l'étape suivante surgissent, cela indique peut-être qu'il est temps de passer au niveau suivant de partage.

......................................................................................................................................................................

......................................................................................................................................................................

......................................................................................................................................................................

**VALEURS:** Quelles sont les valeurs qui émergent du contexte et des messages des trois anges ?

......................................................................................................................................................................

......................................................................................................................................................................

**LES RELATIONS** avec les autres dénominations

......................................................................................................................................................................

......................................................................................................................................................................

......................................................................................................................................................................

## 2. Présenter les enseignements élémentaires (Hébreux 6.1-2)

Identifier les enseignements élémentaires de la foi chrétienne — le point de départ de la foi :

1. ...................................................................................................................................................................

......................................................................................................................................................................

2. ...................................................................................................................................................................

......................................................................................................................................................................

3. ...................................................................................................................................................................

......................................................................................................................................................................

4. ...................................................................................................................................................................

......................................................................................................................................................................

5. ...................................................................................................................................................................

......................................................................................................................................................................

6. ...................................................................................................................................................................

......................................................................................................................................................................

Étudiez d'autres récits de la vie de Jésus qui illustrent ces **enseignements élémentaires** (la repentance, la foi, le baptême, l'imposition des mains, la résurrection et le jugement), ainsi que les autres **commandements de Jésus**

Voici quelques récits des évangiles qui abordent ces *enseignements élémentaires* :

1.  La repentance¹ — Luc 19.1-10
2.  La foi — Marc 5.21-43
3.  Les baptêmes (eau/Esprit) — Matthieu 3.1-17 ; Actes 2.1-47
4.  L'imposition des mains — Luc 5.12-16 ; Actes 13.1-5
5.  La résurrection — Jean 11.1-44
6.  Le jugement — Jean 5.1-30

Voici certains *commandements de Jésus* :

1.  Repentez-vous et croyez — Luc 19.1-10
2.  Soyez baptisés — Matthieu 3.1-17
3.  Priez — Luc 11.1-13
4.  L'amour (vie nouvelle et obéissance) — Luc 10.25-42
5.  Recevez le Saint Esprit — Jean 14.1-23
6.  Allez faire des disciples — Matthieu 28.16-20 ; Jean 4.1-42
7.  Partagez la Sainte cène — Luc 22.7-20
8.  Donnez — Marc 12.41-44

En suggéreriez-vous d'autres ?

........................................................................................................................

........................................................................................................................

........................................................................................................................


**CROYANCES:** Dressez une liste des croyances bibliques clés, et résumez chacune d'elles par écrit, en utilisant un langage compréhensible pour les non-chrétiens.

........................................................................................................................

........................................................................................................................

........................................................................................................................

........................................................................................................................

........................................................................................................................

........................................................................................................................

........................................................................................................................

........................................................................................................................

-----

1    La bonté de Dieu mène à la repentance (Romains 2.4)

### 3. Après avoir lu l'évangile de Marc

**Autres livres bibliques :** encouragez le groupe à explorer d'autres livres de la Bible, au moyen de la *Lecture découverte de la Bible* et des cinq questions du marque-page

* Les Actes des apôtres — si vous êtes prêts à démarrer la formation d'une nouvelle église.

* L'évangile de Jean — si vous êtes prêts à étudier tous les fondamentaux :

| | |
|---|---|
| L'être et la nature de Dieu: | 1.1-18 |
| La Parole de Dieu : | 1.1-2 ; 5.31-47 |
| Jésus - Créateur et Sauveur | 1.3, 4, 10 |
| Le ministère du sanctuaire : | 1.29 ; 2.12-25 ; 6.1-15 ; 7.1-43 ; 19.28-42 |
| Le baptême: | 1.29-34 ; 3.5, 22-36 |
| La nature humaine et le salut : | 3.1-21 |
| Le pardon, la vie nouvelle et le témoignage | 4.1-38 |
| Le sabbat - la vie en Jésus : | 5.1-47 |
| La mort et la résurrection à la vie : | 5.21-29 ; 11.1-44 |
| Les deux résurrections : | 5.28-29 |
| La résurrection au dernier jour : | 6.25-71 |
| Le Saint-Esprit - Conseiller et présence | 7.25-43 ; 14-16 |
| Les commandements et la grâce : | 8.1-11 |
| Les vrais disciples - « l'Église » | 8.31-47 |
| Le sabbat - le signe que Jésus est Dieu | 8.48 – 10.42 |
| La gloire de Dieu et le jugement | 12.20-50 |
| L'ablution des pieds et la Sainte Cène | 13.1-38 |
| Le retour de Jésus | 14.1-3 |
| La présence de Jésus - « Christ en nous » | 14.12-23 |
| La prière | 17.1-26 |
| L'histoire du salut | 18.1-20:9 |
| La résurrection du corps | 20.10-31 |
| Le mandat évangélique | 20.21-23 ; 21.1-25 |
| La restauration | 21.15-23 |

* Les autres évangiles et les épîtres du Nouveau Testament.

**Récits bibliques** de l'Ancien et du Nouveau Testament.

* Utilisez la *Lecture découverte de la Bible* pour étudier les livres tels que la Genèse, l'Exode, les livres historiques de l'Ancien Testament — sauf le Lévitique et les Nombres. Sélectionnez des récits dans ces livres, ainsi que dans ceux des petits et grands prophètes.

* Utilisez la *Lecture découverte de la Bible* pour étudier les histoires de Daniel — mais pas les prophéties complexes ni l'Apocalypse.

## 4. Présenter les séminaires et rencontres d'évangélisation

**Invitez votre pasteur** à visiter votre groupe pour l'aider à progresser dans la foi et la compréhension de la Parole de Dieu. Demandez-lui d'organiser des séminaires, ateliers et rencontres d'évangélisation une ou deux fois par semaine. Vous pouvez en programmer deux séries, intercalées avec des semaines ou vous poursuivez la *Lecture découverte de la Bible* :

1.  Daniel et Apocalypse.

...................................................................................................................................................................

...................................................................................................................................................................

...................................................................................................................................................................

...................................................................................................................................................................

...................................................................................................................................................................

2.  Les doctrines bibliques.

...................................................................................................................................................................

...................................................................................................................................................................

...................................................................................................................................................................

...................................................................................................................................................................

Reprenez toujours les rencontres régulières de lecture de la Bible avec le groupe.

**Quel est le rôle de l'évangélisation publique ?**

...................................................................................................................................................................

...................................................................................................................................................................

...................................................................................................................................................................

...................................................................................................................................................................

...................................................................................................................................................................

**Comment s'assurer que les « épis croissent d'eux-mêmes » ?**

...................................................................................................................................................................

...................................................................................................................................................................

...................................................................................................................................................................

...................................................................................................................................................................

...................................................................................................................................................................

# L'IMPLANTATION D'ÉGLISE

## [4] LA MOISSON

créer de nouveaux groupes

VOICI UN APERÇU : Le Guide 2 traite plus en détails de la formation et l'implantation d'églises.

### QU'EST-CE QUE L'ÉGLISE ?

Le terme « église » signifie « rassemblement ». Une implantation d'église est un rassemblement de nouveaux disciples.

Nous commencerons donc en faisant de nouveaux disciples, et en multipliant les groupes formés par ces nouveaux disciples.

1. Que dit Jésus concernant l'Église ?

   **Matthieu 16.13-21 ; 18.15-20** — Jésus emploie à deux reprises le terme « Église ».

   ........................................................................................................

   ........................................................................................................

2. Qu'apprenons-nous de Jésus sur la raison d'être de l'Église ?

   **Matthieu 22.36 40** — *les grands commandements*

   ........................................................................................................

   ........................................................................................................

   L'adoration :

   ........................................................................................................

   ........................................................................................................

   Le ministère :

   ........................................................................................................

   ........................................................................................................

   **Matthieu 28.16-20** — *le mandat évangélique*

   ........................................................................................................

   ........................................................................................................

   L'évangélisation ::

   ........................................................................................................

   ........................................................................................................

   La communauté :

   ........................................................................................................

   ........................................................................................................

   Ressembler à Christ :

   ........................................................................................................

   ........................................................................................................

3. Qu'est-ce qui caractérise l'église de Jérusalem ?

.................................................................................................................

.................................................................................................................

**Actes 2.42-47**

.................................................................................................................

.................................................................................................................

**Actes 4.4** — à ce moment-là, à quoi ressemble l'église à Jérusalem ?

.................................................................................................................

.................................................................................................................

4. Quel est l'ingrédient essentiel des réunions d'adoration ?

.................................................................................................................

.................................................................................................................

**1 Corinthiens 14.26 :**

.................................................................................................................

.................................................................................................................

5. Comment le message particulier de Dieu pour préparer son peuple au retour de Christ définit-il l'église ?

.................................................................................................................

.................................................................................................................

**Apocalypse 14.6-13** — *Le message spécial* de Dieu pour aujourd'hui.

.................................................................................................................

.................................................................................................................

Le *corps de Christ* (1 Corinthiens 12.27)

.................................................................................................................

.................................................................................................................

Chaque personne reçoit un/des don(s) spirituel(s) (1 Corinthiens 12.1-31)

.................................................................................................................

.................................................................................................................

À l'époque du Nouveau Testament, l'Église ne possède ni bâtiments, ni institutions ni dénominations. Nous avons appris à être très dépendants des locaux de l'Église, quelle conséquence en découle ?

## QUELLE EST LA DIFFÉRENCE ENTRE UN GROUPE ET UNE ÉGLISE ?

1. Discutez de la façon dont un groupe de *Lecture découverte de la Bible* peut devenir une nouvelle communauté ?

.................................................................................................................

.................................................................................................................

2. De quoi votre groupe de *Lecture découverte de la Bible* aurait-il besoin pour devenir une nouvelle église ?

.................................................................................................................

.................................................................................................................

## VALEURS OU ATTITUDES ESSENTIELLES

Dressez la liste des valeurs essentielles, distinctives et réalistes qui déterminent la façon dont une nouvelle église entrera en relation avec la société — et des actions spécifiques qui en découleront :

| VALEURS | ACTIONS |
|---|---|
| 1. Le sacerdoce universel | 1. Les femmes et les jeunes font partie des leaders |
| 2. La communauté | 2. Tout le monde est bienvenu, même les personnes « différentes » |
| 3. *Lecture découverte de la Bible* | 3. Le groupe continue à se réunir une fois par semaine |
| 4. Sécurité | 4. Les rencontres sont des lieux sûrs pour les femmes et les enfants |
| 5. | 5. |
| 6. | 6. |
| 7. | 7. |

# [5] LA MULTIPLICATION

des disciples et groupes

VOICI UN APERÇU : *Le Guide 2* traite plus en détails de la formation et l'implantation d'églises.

**JÉSUS** a posé les bases d'un mouvement de faiseurs de disciples *durable* et *reproductible*.

1.  Qu'a transmis Jésus à ses disciples lors de son ascension ? Actes 1.4-8

.........................................................................................................................................................................

.........................................................................................................................................................................

Son exemple et ses enseignements :

.........................................................................................................................................................................

.........................................................................................................................................................................

Son Esprit:

.........................................................................................................................................................................

.........................................................................................................................................................................

**PAUL :** le pionnier dans l'implantation de multiples églises — le mouvement des faiseurs de disciples.

Relisez les voyages missionnaires de Paul et identifiez ses principes-clés et les actions essentielles qu'il a entreprises :

1.  Premier voyage: **Actes 13.1-14:28**          **Suivre les courants relationnels (ethnē)**

.........................................................................................................................................................................

.........................................................................................................................................................................

Comment Paul a-t-il multiplié les leaders et les églises ?

.........................................................................................................................................................................

.........................................................................................................................................................................

La recherche de *personnes de paix* :

.........................................................................................................................................................................

.........................................................................................................................................................................

2.  Deuxième voyage: **Actes 15.36-18:22**          **Semer dans les foyers (oikos)**

.........................................................................................................................................................................

.........................................................................................................................................................................

Comment Paul a-t-il utilisé les foyers pour multiplier les églises ?

.........................................................................................................................................................................

.........................................................................................................................................................................

Comment cela a-t-il favorisé la multiplication des leaders et des disciples ?

.........................................................................................................................................................................

.........................................................................................................................................................................

3. Troisième voyage: **Actes 18.23-21:16**          **Établir une « pépinière » d'implantation d'églises**

Décrivez le centre d'implantation d'églises à Éphèse  (Actes 19.1-20) :

.........................................................................................................................................................

.........................................................................................................................................................

Comment Paul a-t-il équipé les équipes d'implantation d'églises ?

.........................................................................................................................................................

.........................................................................................................................................................

Où ont-ils implanté des églises ?

.........................................................................................................................................................

.........................................................................................................................................................

Comment vos églises ou groupes pourraient-ils devenir des pépinières d'implantation d'églises ?

.........................................................................................................................................................

.........................................................................................................................................................

Où pourriez-vous trouver des équipes d'implantation d'églises ?

.........................................................................................................................................................

.........................................................................................................................................................

Comment pourriez-vous équiper les équipes d'implantation d'églises ?

.........................................................................................................................................................

.........................................................................................................................................................

Quel est le rôle important des *personnes de paix* dans le processus d'implantation d'églises de Paul, et comment ces personnes sont-elles encouragées et soutenues par les pasteurs, anciens, diacres et diaconesses ?

| Pasteurs (apôtres) | *Personnes de paix (leaders)* | Anciens | Diacres Diaconesses |
|---|---|---|---|
| | | | |

Quel rôle pourraient-elles jouer dans votre processus d'implantation d'églises ?

.........................................................................................................................................................

.........................................................................................................................................................

.........................................................................................................................................................

.........................................................................................................................................................

## DES CHIFFRES PLUS REPRÉSENTATIFS DE LA RÉALITÉ ?

Les disciples appellent et multiplient les disciples, avec pour résultat une multiplication des églises.

Faites la liste des personnes de votre équipe / église (pas des membres d'église) qui font des disciples :

..................................................................................................................................................

..................................................................................................................................................

..................................................................................................................................................

Qui équipez-vous pour implanter une autre église ?

..................................................................................................................................................

..................................................................................................................................................

..................................................................................................................................................

À quel endroit s'implanteront-ils ?

..................................................................................................................................................

..................................................................................................................................................

..................................................................................................................................................

## PLAN DE MULTIPLICATION :

Toute église saine se **reproduit** et se **multiplie.**

De quelle façon cultivez-vous un environnement favorable à la multiplication ?

..................................................................................................................................................

..................................................................................................................................................

1.  Encouragement (encourager tous les intérêts) :

..................................................................................................................................................

..................................................................................................................................................

2.  Envoyer :

..................................................................................................................................................

..................................................................................................................................................

3.  Des modèles simples d'église (reproductibles) :

..................................................................................................................................................

..................................................................................................................................................

4.  Cultiver la présence du Saint-Esprit :

..................................................................................................................................................

..................................................................................................................................................

5.  Chercher une autre *personne de paix* :

..................................................................................................................................................

..................................................................................................................................................

..................................................................................................................................................

## UN BLOCAGE COMMUN — LES MEMBRES NE SONT PAS DES DISCIPLES

1. Quel est l'objectif de la plupart des programmes d'église ?

..................................................................................................................................
..................................................................................................................................
..................................................................................................................................
..................................................................................................................................

Dans de nombreuses églises, la plupart des activités ou programmes ont pour but « d'édifier » les membres. Cela peut représenter un blocage, car les membres viennent s'asseoir à l'église pour recevoir, et peu d'entre eux sont en relation avec des non-croyants. Plutôt que de chercher à « édifier », nous avons besoin d'appeler les gens à s'investir, de les équiper et de les envoyer, en tant que disciples.

2. Dans quels domaines la majorité des membres d'église investissent-ils leur temps et leur énergie ?

..................................................................................................................................
..................................................................................................................................
..................................................................................................................................
..................................................................................................................................

De même, dans beaucoup d'églises, de nombreuses personnes s'occupent de « l'immobilier », c'est à dire des locaux, structures et systèmes de l'église. Peu sont engagés, équipés et envoyés vers la mission, en vue de la multiplication.

3. Pour les disciples de Jésus, s'engager signifiait *participer* à la mission. Dans la plupart des églises aujourd'hui, s'investir veut dire assurer les tâches de gestion de l'église. En quoi cela peut-il représenter un blocage majeur pour la mission et la multiplication ?

..................................................................................................................................
..................................................................................................................................
..................................................................................................................................
..................................................................................................................................

4. Que se passerait-il si nos registres reportaient des chiffres plus réalistes, en recensant non pas les membres, mais les faiseurs de disciples ?

..................................................................................................................................
..................................................................................................................................
..................................................................................................................................
..................................................................................................................................
..................................................................................................................................

# FEUILLE DE ROUTE POUR LA MULTIPLICATION DES DISCIPLES ET DES ÉGLISES

Région : .............................................. Responsable de région: ..................................................

Nom de l'église: ....................................................................................................................

## SENSIBILISATION & FORMATION

· Comment tous les membres seront-ils équipés pour faire de nouveaux disciples ?

· Quand est-ce que cela pourra se faire ?

## ÉQUIPES — RÉORGANISATION POUR FORMER DES ÉQUIPES

**À proximité :**

· Comment les classes d'École du sabbat et les ministères des jeunes et des femmes doivent-ils être réorganisés ?

· Quand est-ce que cela pourra se faire ?

**À distance :**

Dressez la liste des lieux que vous visiterez afin de trouver des *personnes de paix* pour coordonner les actions à entreprendre :

· Qui formera l'équipe ?

· Quand est-ce que cela pourra se faire ?

## LIEUX

Faites la liste des endroits de votre région ayant besoin d'églises :

Fixez une date à laquelle ces églises pourront être créées :

## MULTIPLICATION

Comment tous les nouveaux disciples seront-ils équipés pour faire à leur tour des disciples ?

· Quand cette formation aura-t-elle lieu ?

Comment chaque nouvelle église sera-t-elle équipée pour en créer d'autres ?

· Quand cette formation aura-t-elle lieu ?

# PLAN DE PROJET D'IMPLANTATION D'ÉGLISE

Votre nom: ..................................................... Votre église: ...........................................................

Votre pasteur: .........................................................................................................................

Lieu où vous souhaitez implanter l'église : ..............................................................................

1. **Équipe :** (généralement 4 personnes)

.........................................................................................................................................

.........................................................................................................................................

.........................................................................................................................................

.........................................................................................................................................

2. **Lieu :** Décrivez les personnes et les lieux où vous pensez mener votre action.

.........................................................................................................................................

.........................................................................................................................................

.........................................................................................................................................

Faites la liste des *personnes de paix* que vous pouvez déjà identifier :

.........................................................................................................................................

.........................................................................................................................................

.........................................................................................................................................

.........................................................................................................................................

3. **Mission :** Pourquoi cette église peut-elle exister ?

.........................................................................................................................................

.........................................................................................................................................

.........................................................................................................................................

Citez trois ou quatre textes bibliques qui soutiennent votre mission :

.........................................................................................................................................

.........................................................................................................................................

4. **Vision :** Quelle est votre vision pour votre nouvelle église ?

.................................................................................................................................................

.................................................................................................................................................

.................................................................................................................................................

Combien de faiseurs de disciples pensez-vous équiper ?

.................................................................................................................................................

.................................................................................................................................................

Combien d'églises votre nouvelle église pourrait-elle créer dans les deux prochaines années ?

.................................................................................................................................................

.................................................................................................................................................

Où ces églises pourraient-elles être implantées ? Citez les lieux possibles :

.................................................................................................................................................

.................................................................................................................................................

.................................................................................................................................................

5. **Croyances :** Quelles croyances-clés seront importantes pour l'expérience de votre communauté ?

.................................................................................................................................................

.................................................................................................................................................

.................................................................................................................................................

.................................................................................................................................................

6. **Valeurs et actions :** Dressez la liste des valeurs et actions que vous voulez cultiver :

Valeurs:                                              Actions:

...................................................        ...................................................

...................................................        ...................................................

...................................................        ...................................................

7. **Faire de nouveaux disciples :** Quelles initiatives mettrez-vous en œuvre pour qu'un non-croyant devienne faiseur de disciples ?

.................................................................................................................................................

.................................................................................................................................................

.................................................................................................................................................

.................................................................................................................................................

Quelle place la *Lecture découverte de la Bible* occupera-t-elle dans ce processus ?

...........................................................................................................................................

...........................................................................................................................................

...........................................................................................................................................

Quels évènements de formation seront organisés dans cet objectif ?

1 ........................................................................................................................................

2 ........................................................................................................................................

3 ........................................................................................................................................

4 ........................................................................................................................................

5 ........................................................................................................................................

6 ........................................................................................................................................

7 ........................................................................................................................................

8. **Multiplication:** Décrivez comment votre nouvelle église se multipliera :

Groupes de *Lecture découverte de la Bible* :

...........................................................................................................................................

...........................................................................................................................................

...........................................................................................................................................

...........................................................................................................................................

Multiplier les nouvelles églises :

...........................................................................................................................................

...........................................................................................................................................

...........................................................................................................................................

9. **Retour :** Quand et comment pourrez-vous évaluer si Dieu est satisfait :

...........................................................................................................................................

...........................................................................................................................................

...........................................................................................................................................

...........................................................................................................................................

Partagez ce plan de projet avec un certain nombre de personnes, dont un implanteur d'églises expérimenté pour récolter des idées.

Présentez ce plan à votre président de fédération ou de mission, et à votre coordinateur d'implantation d'églises.

Name: ............................................................    Date:................................................................

# ÉVALUATION ET RETOUR

Après six mois, discutez des progrès de votre nouvelle église, au moyen de ces questions :

**1. Qu'avons-nous besoin de changer ?**

Quels ministères devraient être arrêtés ou mis en suspens ?

.................................................................................................................................

.................................................................................................................................

.................................................................................................................................

Où voyons-nous les « étincelles de l'Esprit » se poser dans notre communauté ?

.................................................................................................................................

.................................................................................................................................

.................................................................................................................................

Comment attiser ces étincelles ?

.................................................................................................................................

.................................................................................................................................

.................................................................................................................................

Quelles sont nos forces / faiblesses / opportunités / menaces ?

.................................................................................................................................

.................................................................................................................................

.................................................................................................................................

Sommes-nous en lien avec d'autres *courants relationnels* ?

.................................................................................................................................

.................................................................................................................................

.................................................................................................................................

Sommes-nous en phase de multiplication — combien d'autres églises sommes-nous en train de créer ?

.................................................................................................................................

.................................................................................................................................

.................................................................................................................................

**2. Revoir : Cinq textes bibliques fondateurs**

1.  Les disciples se multiplient dans les *courants relationnels* (Matthieu 28.18-20)

.....................................................................................................................................
.....................................................................................................................................
.....................................................................................................................................
.....................................................................................................................................
.....................................................................................................................................
.....................................................................................................................................

2.  Les disciples se multiplient dans les courants relationnels (Matthieu 28.18-20)

.....................................................................................................................................
.....................................................................................................................................
.....................................................................................................................................
.....................................................................................................................................
.....................................................................................................................................
.....................................................................................................................................

3.  L'évangélisation, la moisson et la multiplication (Luc 10.1-24)

.....................................................................................................................................
.....................................................................................................................................
.....................................................................................................................................
.....................................................................................................................................
.....................................................................................................................................
.....................................................................................................................................

4.  L'action du Saint-Esprit (Actes 1.1-2:47)

.....................................................................................................................................
.....................................................................................................................................
.....................................................................................................................................
.....................................................................................................................................
.....................................................................................................................................
.....................................................................................................................................

5.  En tant que corps de Christ (1 Corinthiens 12.27), les églises doivent vivre comme Jésus (Philippiens 2.1-11)

.....................................................................................................................................
.....................................................................................................................................
.....................................................................................................................................
.....................................................................................................................................
.....................................................................................................................................
.....................................................................................................................................
.....................................................................................................................................

# NOTES

# NOTES

 NOTES

# NOTES

# NOTES

**FSC**
www.fsc.org
**MIXTE**
Papier issu
de sources
responsables
Paper from
responsible sources
**FSC® C105338**